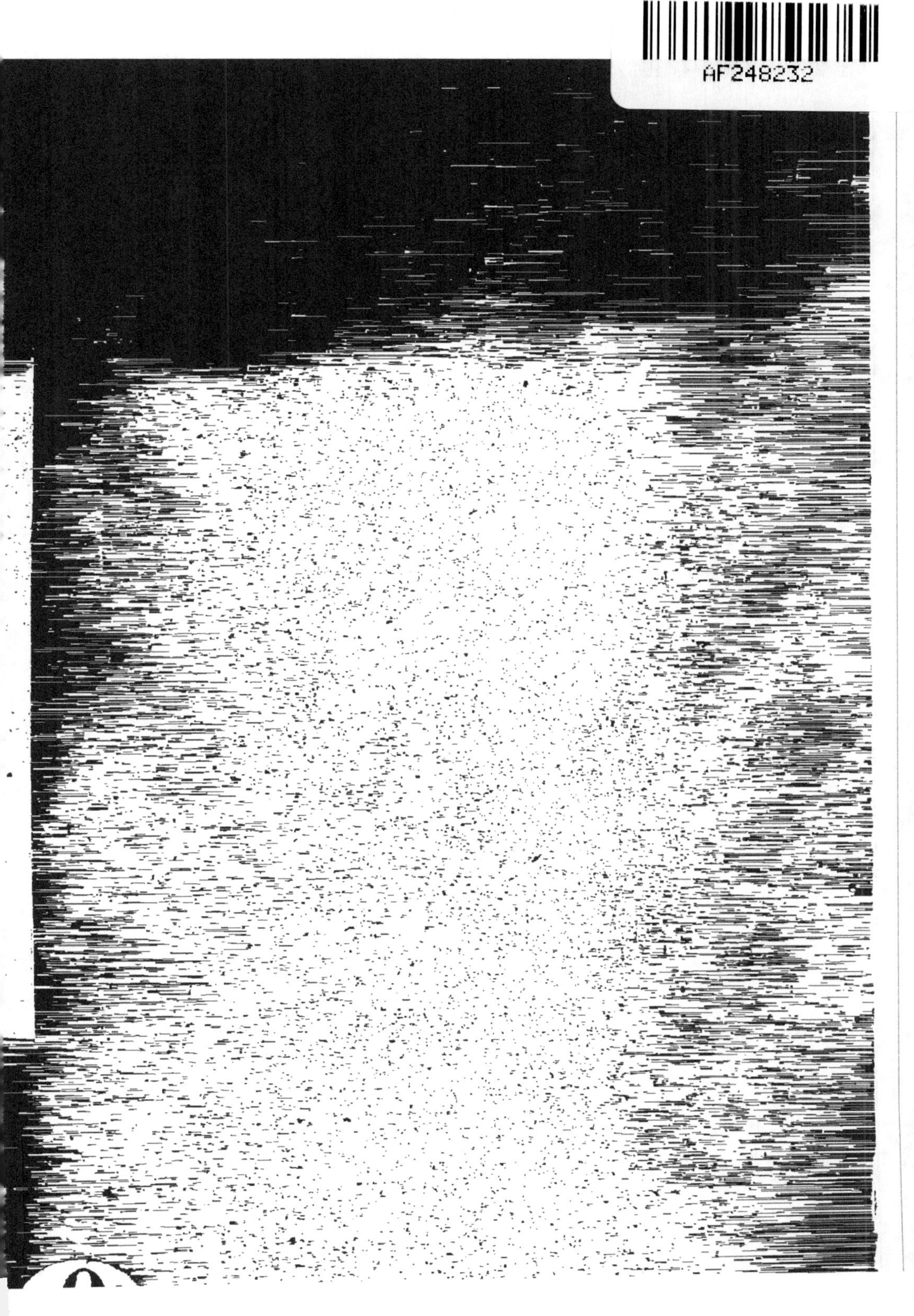

PORTRAIT

DU CHEVALIER

DON CAMILO GUTIERRES DE LOS RIOS

DÉDIÉ A SES PARENTS ET A SES AMIS

PAR PIERRE FRANÇOIS TISSOT,

MEMBRE DE L'ACADÉMIE FRANÇAISE.

PARIS

IMPRIMERIE DE FÉLIX LOCQUIN,
Rue Notre-Dame-des-Victoires, 16.

—

1841.

LE CHEVALIER

DON CAMILO GUTIERRES DE LOS RIOS

Une harmonie parfaite régnait entre tous les éléments de sa constitution physique et morale.

Sa taille était moyenne et bien prise, sa démarche vive, sa tournure élégante, son abord gracieux. Il avait le front ouvert, les sourcils pleins, l'œil étincelant d'esprit, le regard caressant, le nez bien fait, la bouche belle, le sourire fin, l'air noble et enjoué.

Toute sa personne inspirait la bienveillance.

Une malice innocente donnait quelque chose de piquant à sa conversation, sans l'entraîner jamais à rechercher les lâches et coupables plaisirs de la médisance. La langue, disait-il, ne doit pas être un stylet. Du reste, si exempt de prétention et d'aigreur, que jamais son amour propre ne causa une inquiétude ou ne fit une blessure à l'amour propre des autres. Cependant il aurait pu facilement lancer les traits de la raillerie ou de la satyre; son cœur en défendait l'usage à son esprit.

Homme du monde, où il savait tenir son rang, il n'avait besoin, pour réussir sur cette difficile scène, que de céder aux inspirations de son excellent naturel, mais il ne valait tout son prix que dans la société intime. C'est là que l'originalité des idées qui jaillissaient de lui comme des étincelles, les formes vives de son langage du midi, sa manière de sauter par dessus les intermédiaires pour passer d'un sujet à un autre, les interruptions qu'il se faisait à lui-même, en obéissant au signal inattendu de quelque souvenir plaisant, le rendaient d'autant plus agréable, qu'en provoquant l'esprit des autres, il mettait le feu à l'entretien.

Images de sa conversation, ses lettres légères, enjouées, pleines de ces mots qui sont des bonnes fortunes, respiraient parfois cette douce sensibilité qui excite un sourire et une larme. Parfois il trouvait sous sa plume des portraits semblables à des esquisses frappantes de ressemblance au premier crayon. D'ailleurs, on attachait d'autant plus de prix à sa correspondance, qu'en le lisant on croyait l'entendre et le voir.

Personne n'était plus propre que lui à recevoir la vive impression du simple, du grand et du beau. Comme il était touché des graces naïves de l'enfance! avec quel plaisir jeune il s'arrêtait près d'un ruisseau bordé par une prairie et voisin d'une cabane! quelle rapidité à prendre possession d'une vaste campagne offerte à ses regards! la poésie qui est la musique de l'ame, la peinture qui avec des signes et des couleurs représente l'homme tout entier, la sculpture qui ajoute à la nature en idéalisant notre image, les chants sublimes ou suaves des maîtres de toutes les écoles, le ciel et ses magnificences, mais surtout la vertu, le génie et la gloire, excitaient en lui les transports d'une admiration passionnée.

Épicurien délicat, il aimait à respirer tous les parfums de la vie.

Les femmes avaient pour lui un attrait irrésistible; c'est là sans doute un grand moyen de séduction auprès d'elles; mais la nature lui en avait donné beaucoup d'autres dans la réunion des plus heureuses qualités. En général, il plaisait à la première vue, il plaisait davantage à la seconde; chaque jour augmentait cette disposition favorable; et quand enfin, grace à des soins délicats, à un entier abandon du cœur, à un commerce plein d'agrément et de courtoisie, son hommage était accepté par l'objet de ses préférences, rayonnant de bonheur, il portait sa chaîne volontaire avec un air d'aisance et de liberté. Les femmes qu'il estimait autant qu'il les aimait, ont fait sa consolation et ses délices; il attachait un prix infini à tous les rapports avec leur sexe, les souvenirs qu'il avait conservés d'elles entretenaient la jeunesse de son cœur, et lui composaient une félicité intime et secrète.

Espagnol et digne de l'être, religieusement attaché à son pays natal, sujet fidèle, il chérissait la France comme une seconde patrie, et l'on peut dire que la France, à son tour, l'avait adopté avec joie, tant elle lui trouvait de ressemblance avec ceux de ses enfants qu'elle affectionne le plus.

L'amitié ne pouvait manquer d'occuper une grande place dans une ame de cette trempe; il se donnait tout entier au petit nombre de personnes auxquelles il s'était attaché par une élection réfléchie, et jamais il ne rompit par une infidélité le contrat d'attachement mutuel qu'il avait passé avec elles. Dans ce cœur toujours échauffé de sa douce flamme, l'amitié ne connut jamais de déclin; elle semblait au contraire avoir acquis une nouvelle force avec l'âge qui avait conduit M. de los Rios sur le seuil de la vieillesse.

Je n'ai connu à personne une trempe d'ame plus égale, une constance qui sentît moins l'effort; quoique doué d'une ame capable de sentir vivement les peines, et d'un esprit qui savait prendre au sérieux les choses graves, il souriait même à l'adversité. Nous l'avons vu supporter avec un front serein la perte d'une liberté qui lui était plus chère peut être qu'à tous les autres hommes. En effet son corps, son esprit, son cœur, toute sa personne, avaient également horreur de la captivité. L'air, l'espace, l'indépendance, le mouvement, les voyages, lui étaient nécessaires comme le souffle est nécessaire à la vie. Privé de tous ces biens, et surtout du commerce de ses amis, il ne vivait qu'à moitié.

Le moment de la délivrance arriva. Rendu

à la société, son premier mouvement fut de courir à ses amis, et de leur dire : « Me voilà, m'aimez-vous toujours comme je vous aime; » la réponse se devine sans peine. Bientôt élevé aux honneurs, admis dans le conseil des rois, la prospérité ne lui tourna point la tête. A Vienne, à Berlin, comme à Londres, il conserva son enjouement, sa modération, sa sérénité, son goût pour les plaisirs simples. Au sortir des brillants théâtres où il avait vu de si près le grand jeu de la fortune, il reparut au milieu de nous tel qu'il avait toujours été; il reprit ses habitudes, ses liaisons, ses amitiés, et fut comme auparavant le meilleur des hommes pour ses serviteurs. Ce mot de serviteurs me rappelle une observation sur le caractère de M. de los Rios : il récompensait leur zèle d'une manière généreuse, et les élevait jusqu'à lui par une sorte de familiarité qui n'ôta jamais rien à la dignité d'un maître chéri.

M. de los Rios ne s'épuisait pas en protestations de reconnaissance, mais elle était une de ses vertus. Preuves d'amitié, actes de dévoument, services, simples obligeances, rapports agréables, intentions bienveillantes, son cœur tenait registre de tout, et ce registre était toujours au courant. La mort seule devait nous en révéler l'existence, la mort seule devait mettre en lumière les bienfaits ignorés, les mystérieuses dispositions du plus généreux des hommes. Modéré dans ses désirs par penchant naturel et par philosophie, économe dans ses dépenses, mais sans parcimonie, M. de los Rios thésaurisait pour donner. Tous les mois, et plus souvent encore, lorsque des circonstances imprévues l'exigeaient, un ami fidèle et discret, son ministre de bienfaisance, allait répandre des libéralités dans les asiles du malheur et de la pauvreté. Non content de ce pieux emploi d'une richesse légitimement acquise, M. de los Rios, qui semblait ne s'en regarder que comme dépositaire, prenait plaisir à la consacrer d'avance à l'acquit des dettes de son cœur. Depuis longtemps il avait consigné par écrit ses dernières volontés ; chaque année, en présence du Dieu qui voit tout, et d'un ami digne de tout voir, mêlant à la sévère pensée de la mort les consolantes pensées de la bienfaisance, il confirmait par une nouvelle sanction son testament, c'est à dire le partage de sa grande fortune entre des légataires de son choix. Faire des heureux, et les surprendre par des présents qui leur sembleraient en quelque sorte tombés du ciel, telle fut la plus sérieuse occupation des vingt dernières années de sa vie ; pouvait-il la couronner par des œuvres qui la rendissent plus agréable à Dieu, à la religion et à l'humanité ?

VERS INSCRITS SUR LE TOMBEAU DU CHEVALIER
DON CAMILO GUTIERRES DE LOS RIOS.

A l'héroïque Espagne il devait la naissance :
Elevé parmi nous, il montra, dès l'enfance,
Ses mœurs pleines de grace et de facilité,
Un esprit généreux, la plus tendre bonté.
Pour verser des bienfaits il acquit des richesses ;
Et toujours préparant de plus grandes largesses,
Ses parents, ses amis, les pauvres, l'amitié,
Dans un dernier partage il n'a rien oublié.